Vorarlberger Bäuerinnen kochen

Vorarlberger Bäuerinnen kochen

Die besten Original-Rezepte aus Vorarlberg

EDITION LÖWENZAHN
INNSBRUCK

Die Deutsche Bibliothek - CIP-Einheitsaufnahme

Vorarlberger Bäuerinnen kochen : die besten Original-Rezepte aus Vorarlberg. - Innsbruck : Ed. Löwenzahn, 2000
ISBN 3-7066-2196-7

Dieses Buch ist eine gekürzte Ausgabe des in der Edition Löwenzahn erschienenen Buches „Vorarlberger Bäuerinnen kochen - Einfach gute Rezepte" von Rosa Beer und Regina Schwärzler, 1994

Fotos: Herbert Gyss
Umschlagfoto: Ulrike Köb
Layout: Günther Thöni
Satz: StudienVerlag/Bernhard Klammer

Gedruckt auf umweltfreundlichem, chlor- und säurefrei gebleichtem Papier.

Inhaltsverzeichnis

Süße Hauptgerichte

Torten, Kuchen und Gebäck

Einleitung

„Eure Nahrungsmittel sollten Heilmittel und Eure Heilmittel sollten Nahrungsmittel sein."

Dieser Satz von Hippokrates hat wohl auch heute seine Bedeutung nicht verloren.
Koch- und Eßgewohnheiten, Sitten und Bräuche aller Kulturen, Völker und Zeiten spiegeln die Bedeutung der Natur als Quelle unserer Lebensmittel wider. Lebensmittel sind lebendige Stoffe, die uns am Leben erhalten, Lebensmittel sind mehr als Nahrungsmittel, die uns nur satt machen.
Essen und Trinken genießt nicht nur als Lebensnotwendigkeit, sondern auch als Annehmlichkeit höchste Wertschätzung.
Das Essen ist auch ein Ausdruck der geistigen Einstellung, des Lebensgefühls.

Dieses Kochbuch will einen Anstoß geben, sich wieder verstärkt auf die Ursprünge unserer Lebensmittel zu besinnen und in ihrer Auswahl auch wieder mehr im Rhythmus der Jahreszeiten zu leben.
Es vermittelt die Botschaft althergebrachter Kochtradition und langjähriger Erfahrung sowie Rezepturen im Sinne einer modernen Ernährung. Den bäuerlichen Produkten wird der Vorzug gegeben, indem sie bewußt und gezielt für die Rezepte eingesetzt werden. Aufgeschlossenheit und steigendes Qualitätsbewußtsein der Konsumenten kommt dabei den wertvollen und sinnvollen Ansätzen innovativer Bauern entgegen.

Dieses Vorarlberger Kochbuch möge allen, die es verwenden, eine wertvolle Bereicherung und Freude sein –
Guten Appetit!

Rezeptangaben für 4-6 Personen

Kartoffelrahmsuppe

3 dag Butter
8 dag Lauch
15 dag Kartoffeln
Suppe oder Wasser
1/8 l Rahm
Salz, Pfeffer, Muskat

- geschnittenen Lauch und Kartoffelwürfel in Butter anschwitzen
- mit Suppe aufgießen
- kurz kochen
- passieren, mit Rahm verfeinern
- würzen

Montafoner Gerstensuppe

1/2 Tasse weiße Bohnen
1/2 Tasse Rollgerste
20 dag Wurzelwerk (Karotten, Sellerie, Lauch)
1 Gemüsewürfel
Salz, Muskat, Petersilie
25 dag Selchfleisch

- Bohnen über Nacht einweichen
- mit Gerste und Selchfleisch weichkochen
- würzen
- feingeschnittenes Gemüse nach 5 Minuten mitkochen

TIP

Die Suppe wird meist als Hauptspeise gegessen.

Käse-Kräuter-Suppe

2 Zwiebeln
2 EL Butter
3 EL Dinkelmehl
1 l Gemüsesuppe
Kräutersalz, Pfeffer
10 dag Bergkäse
2 EL Kresse
2 EL Petersilie
2 EL Schnittlauch
6 EL Kerbelkraut
1 EL Dill

- gehackte Zwiebeln in Butter dünsten
- Mehl trocken rösten, bis es duftet
- abkühlen lassen und unter Rühren die Gemüsesuppe dazugeben
- aufkochen und abschmecken
- geriebenen Käse unterrühren
- zum Schluß die gehackten Kräuter dazugeben

Bregenzerwälder Milchsuppe

1 l Milch
Salz, Muskat
1/2 Ei
5-8 dag Mehl

- Milch aufkochen
- würzen
- versprudeltes Ei mit Mehl verbröseln, daß Riebele entstehen
- kurz in der Milch aufkochen

*Pikante Tomatensuppe, Rezept auf Seite 13,
und Brokkolicremesuppe, Rezept auf Seite 12*

Brokkolicremesuppe

50 dag Brokkoli
1 Zwiebel
3 EL Butter
3 EL Vollkorn-Hafermehl
1 l Gemüsesuppe
Meersalz, Pfeffer
1 Prise Cayennepfeffer, Muskat
4 EL Crème fraîche

- Brokkoli putzen, in kleine Röschen teilen und waschen
- Zwiebel fein hacken und in Butter glasig dünsten
- Brokkoliröschen dazugeben und kurz mitschwitzen
- mit Vollkornhafermehl bestreuen
- mit Gemüsesuppe auffüllen
- Suppe kräftig würzen und bei mäßiger Hitze etwa 10 Minuten köcheln lassen
- anschließend pürieren und nochmals erhitzen
- Crème fraîche unterziehen

TIP

Die Suppe mit gerösteten Mandelblättchen und einigen Zitronenmelissenblättchen garnieren.

Pikante Gemüsesuppe

1 EL Butterschmalz
5 dag geschnittener Speck
1 Zwiebel
1 Karotte
7 dag Lauch
7 dag Zucchini
2 Tomaten
3 Knoblauchzehen
3 dag Nudeln
1 l Wasser (Suppe)
Schnittlauch

- Speck in Fett anrösten
- geschnittene Zwiebel dazugeben
- fein geschnittenes Gemüse mitrösten
- mit Suppe aufgießen
- Nudeln je nach Garzeit mitkochen
- würzen

TIP

Fein geriebener Bergkäse paßt gut dazu.

Pikante Tomatensuppe

4-5 Tomaten
1/2 l Wasser
1/2 l Milch
1 EL Mehl
1 Gemüsewürfel
Salz, Zucker, Pfeffer, Schnittlauch
4 EL Rahm

- Tomaten in Wasser weichkochen, passieren
- mit Mehl stauben
- mit Milch aufgießen
- würzen
- vor dem Servieren geschlagenen Rahm dazugeben

Speckgrießknödel in Gemüsesuppe

1/2 l Milch
Salz, Muskat
12 dag Grieß
5 dag geschnittener Speck
1 Ei
Fett zum Backen

Brühe:
15-20 dag Suppengemüse
1 EL Butterschmalz
Salz, Muskat
Petersilie, Schnittlauch
Suppenwürze
Wasser

- Grieß in die kochende Milch einrühren
- würzen
- Speckwürfel dazugeben
- Ei daruntermischen
- kleine Knödel formen
- in Fett herausbacken
- grob geschnittenes Gemüse in Fett anrösten
- aufgießen
- 1/2-3/4 Stunde köcheln lassen, würzen, abseihen

TIP

Diese Gemüsesuppe kann statt jeder Fleischsuppe verwendet werden.

Käse-Kräuter-Suppe, Rezept auf Seite 10

Dinkel-Flädle

7 dag Dinkel (feingemahlen)
1/8 l Milch
1 Ei
Kräutersalz, Muskat

- Dinkel frisch, auf feinster Stufe mahlen
- mit Milch, Ei und Gewürzen zu einem Teig verarbeiten
- nach 15 Minuten Ruhezeit in Butterschmalz Flädle (= Frittaten) backen
- in dünne Streifen schneiden
- die Flädle kurz vor dem Servieren in heiße Gemüsesuppe geben und mit fein geschnittenem Schnittlauch bestreuen

Käseknödelsuppe

4-5 Semmeln
2 Eier
Salz, Muskat, Pfeffer
1/4 l Milch
5 EL Mehl
10-15 dag geriebener Käse
Schnittlauch
2 EL Öl
1 feingehackte Zwiebel

- würfelig geschnittenes Brot mit Zwiebel in Öl anrösten
- mit den übrigen Zutaten mischen
- ziehen lassen
- kleine Knödel formen
- im Dampf 25 Minuten garen
- in der fertigen Suppe mit Schnittlauch servieren

Frühlings-kartoffelsalat

50 dag Salat-kartoffeln
4 Frühlingszwiebeln
2 Bund Radieschen
20 dag Schinken (mager)
1 Gewürzgurke
1/8 l Gemüsebrühe
20 dag Sauerrahm
3 EL Gewürzgurken-saft
1 EL Senf
1 EL Petersilie
frisch gemahlener Pfeffer
Salz

- Kartoffeln auf den Punkt kochen
- Zwiebeln samt reichlich Grün julienne schneiden
- Radieschen fein blättrig schneiden
- Schinken und Gewürzgurke ebenfalls fein schneiden
- Gemüsebrühe (kalt), Sauerrahm und Gurkensaft unter die vorbereiteten Zutaten mischen, mit den angegebenen Gewürzen verfeinern
- Kartoffeln noch heiß schälen und blättrig schneiden, mit der Marinade vermischen
- die fein geschnittene Petersilie vor dem Anrichten darüber streuen

Pikanter Bauernsalat

1 Salatgurke
4 Tomaten
1 große Zwiebel
3 Paprika
1 gekochtes Ei
20 dag Schafkäse
Olivenöl, Kräuteressig
Salz, Schnittlauch
1 Knoblauchzehe
Zucker, Oregano

- Gurke in Würfel schneiden
- Zwiebel ringelig, Paprika und Tomaten in Streifen, Schafkäse würfelig, Ei in Scheiben schneiden
- Salat marinieren

TIP

Dazu paßt ein Bauernbrot!

Schwarzwurzelsalat

50 dag Schwarzwurzeln
15 dag Frühlingszwiebeln
15 dag Wälderschinken
1/4 l Sauerrahm
2 EL Joghurt
3 Knoblauchzehen
Essig, Distelöl
Kräutersalz
Schnittlauch

- Schwarzwurzeln schälen, in 3 cm lange Stücke schneiden und dämpfen
- Frühlingszwiebeln und Schinken in dünne Streifen schneiden
- marinieren

Wälderkäsle mit Knoblauchdressing, Rezept auf Seite 22

Kalter Braten, gefüllt

6 Scheiben kalter Schweinsbraten

Fülle:
15 dag Topfen
1/8 l Rahm
1-2 EL Kren
Salz, Zucker

- Topfen, Kren und die Gewürze in den geschlagenen Rahm mischen
- mit Spritzsack auf Bratenscheiben dressieren, einrollen

Panierter Bergkäse mit Preiselbeerkren

6 Scheiben Bergkäse
1 Ei
Mehl
Brösel
Fett zum Backen

Preiselbeerkren:
1/8 l Rahm
1 EL Kren
4 EL Preiselbeeren

- Käse in Mehl, Ei und Bröseln wenden
- in Fett herausbacken
- für Preiselbeerkren alle Zutaten mit dem geschlagenen Rahm mischen
- auf Salatblättern garnieren

Ländle Apfelsalat

30 dag Äpfel
30 dag Karotten
1 Zitrone
2 Orangen
2 EL Honig
8 dag Butter
15 dag gehackte Walnüsse

- Äpfel und Karotten fein raspeln
- Zitronen- und Orangensaft dazugeben
- mit Honig süßen
- auf Teller anrichten und mit angerösteten Walnüssen verzieren

Wälder Käsesalat

15 dag Wälderschinken
15 dag rohe Karotten
15 dag Bergkäse
4 Essiggurken
1 Zwiebel
15 dag Lauch
Essig, Öl
2 EL Joghurt
Senf, Salz, Pfeffer
Dill, Petersilie

- Schinken, Karotten, Käse, Lauch und Essiggurken fein schneiden
- Zwiebel nudelig schneiden
- marinieren

Wälderkäsle mit Knoblauchdressing

6 Portionen
Wälderkäsle (Ziegenkäse)

Dressing:
5 EL Olivenöl
6 Knoblauchzehen
Salz, Schnittlauch
Petersilie

- feingehackten Knoblauch mit Öl und Gewürzen vermischen
- auf Käsle verteilen
- mit grünem Salat servieren

Käsebällchen

10 dag Käsereste
2 gekochte Eier
6 dag Topfen
5 dag Butter
2 Knoblauchzehen
Salz, Pfeffer
Schnittlauch

- Käse kleinwürfelig schneiden oder reiben
- Eier fein schneiden, mit den übrigen Zutaten vermischen
- 1/2 Stunde kühl stellen
- kleine Bällchen formen und in Schnittlauch wälzen

TIP

Paßt gut zu Käseplatten, zu Speck- und Wurstplatten als Dekoration.

Gefüllte Brandteigkrapfen, Rezept auf Seite 24

Gefüllte Brandteigkrapfen

Brandteig:
1/4 l Wasser
6 dag Butter
8 dag Dinkelmehl
5 dag Weißmehl
3-4 Eier, Salz

Fülle:
25 dag Topfen
1 EL Crème fraîche
3 Knoblauchzehen
1/2 Frühlingszwiebel
Kräutersalz, Schnittlauch

- Butter ins Salzwasser geben
- aufkochen
- Mehl einrühren
- kurz überkühlen
- Eier nach und nach einrühren
- auf befettetes Blech Krapfen spritzen und backen
- auskühlen lassen
- für die Fülle Knoblauch und Zwiebel fein hacken und mit den übrigen Zutaten gut verrühren
- Krapfen halbieren und füllen

Schweinsröllchen in Zitronensauce

4 Schweineschnitzel
Pfeffer
3 EL Tomatenmark
4 Scheiben Schinkenspeck
4 Salbeiblätter
2 EL Butterschmalz
1/4 l Gemüsesuppe
3 EL Crème fraîche
Kräutersalz
Pfeffer

- Schnitzel dünn ausklopfen
- mit Pfeffer würzen
- mit 2/3 des Tomatenmarks bestreichen
- je eine Schinkenspeck-Scheibe und 1 Salbeiblatt drauflegen
- Schnitzel einrollen und mit Zahnstocher zusammenstecken
- in heißem Butterschmalz die Röllchen rundum anbraten
- mit Gemüsesuppe ablöschen
- zugedeckt 30 Minuten dünsten lassen (eventuell mehr Brühe hinzufügen)
- Rouladen aus dem Topf nehmen
- warm stellen
- in den Bratenfond das restliche Tomatenmark und Crème fraîche rühren
- mit Zitronensaft, Salz und Pfeffer abschmecken

TIP

Die Röllchen mit Bandnudeln und Sauce anrichten, mit Salbeiblättern und Zitronenscheiben garnieren.

Überbackene Schweinskoteletts

mit gefüllten Tomaten

4 Schweinskoteletts
1 EL Senf
Pfeffer, Knoblauch
gemahlener Kümmel
1 EL Dinkelmehl
4 dag Butterschmalz
1/8 l Gemüsesuppe
4 Tomaten
1 Stange Lauch
2 EL Butter
1/8 l Sauerrahm
1 Prise Kräutersalz
Pfeffer, Muskat
1/8 l Rahm
10 dag Bergkäse

- Koteletts klopfen
- Rand einschneiden
- würzen, mit Mehl bestäuben
- in Butterschmalz beidseitig anbraten
- das Fleisch in eine feuerfeste Form geben
- Bratensatz mit Gemüsesuppe aufgießen und über die Koteletts gießen
- im Backrohr zugedeckt ca. 15-20 Minuten dünsten
- Tomaten aushöhlen
- Lauch nudelig schneiden, in Butter dünsten
- Sauerrahm hinzugeben und würzen
- Lauchgemüse in Tomaten einfüllen und in die Form zu den Koteletts setzen
- Rahm steifschlagen
- Käse fein reiben und unter den Schlagrahm ziehen
- anschließend über die Koteletts gießen und gemeinsam mit den Tomaten ca. 10-15 Minuten bei 180°C überbacken
- zum Schluß die Sauce eventuell noch salzen

Ländle Apfelsalat, Rezept auf Seite 21

Bauernschöpsernes

80 dag Lammfleisch
50 dag Kartoffeln
2 Zwiebeln
3 Karotten
1 kleiner Wirsingkohl oder Weißkraut
3-4 Knoblauchzehen
Pfeffer
Gemüsesuppenpulver
5 dag Butter
Kräutersalz

- das Fleisch und die Kartoffeln in kleine Würfel schneiden
- die Zwiebeln fein schneiden
- die Karotten in Scheiben, die gewünschte Kohlart nudelig schneiden
- die gewürzten Fleischwürfel in Butter anbraten
- Karotten, Zwiebeln und Kraut hinzufügen
- mit etwas Wasser aufgießen
- nach 10-15 Minuten Garzeit die vorbereiteten Kartoffeln dazugeben und gemeinsam weich dünsten
- zum Schluß mit etwas Salz abschmecken

TIP

Diesen Eintopf mit gartenfrischem Salat servieren.

Ländle-Kalbs-ragout

50 dag Kalbsschulter
4 dag Butter
3 EL Dinkelmehl
1/8 l Weißwein
1/4 l Kalbsfond oder Rindsuppe
2 Zwiebeln
4 Nelken
10 dag Karotten
Kräutersalz
Muskatnuß
25 dag Champignons
1 TL Zitronensaft
1/8 l Sauerrahm
3 EL Rahm
3 EL Petersilie

- Fleisch in Würfel schneiden
- in Butter anrösten
- mit Mehl stauben
- mit Weißwein und Kalbsfond aufgießen
- Zwiebeln schälen, halbieren, mit Nelken bestecken und dazugeben
- Karotten in Würfel schneiden und in der Sauce ca. 15 Minuten dünsten
- mit Salz und Muskat würzen
- blättrig geschnittene Champignons und Zitronensaft hinzufügen
- zum Schluß mit Rahm verfeinern
- mit feingeschnittenem Petersilie anrichten

Kalbsfilet mit bunter Gemüsegarnitur

80 dag Kalbsfilet
weißer Pfeffer
Muskatnuß
2 EL Dinkelmehl
4 Karotten
20 dag Erbsen
1 große Zwiebel
2 EL Butter
30 dag Champignons
Kräutersalz
Muskatnuß
weißer Pfeffer
4 dag Butter
Kräutersalz
1/8 l Gemüsesuppe
20 dag Spargelspitzen
Petersilie

- Filet in Scheiben schneiden
- leicht klopfen
- mit gemahlenem Pfeffer und Muskatnuß würzen
- auf einer Seite mit Mehl bestäuben
- Karotten würfelig schneiden, mit den Erbsen im Dampfeinsatz garen
- Zwiebel fein schneiden und in erhitzter Butter goldgelb werden lassen
- die in Achtel geteilten Champignons dazugeben
- erst wenn die Flüssigkeit reduziert ist, Karotten und Erbsen hinzufügen
- Gemüse würzen und warmhalten
- Butter erhitzen und die vorbereiteten Filets beidseitig kurz anbraten
- anschließend salzen
- die Gemüsegarnitur auf Teller anrichten, die Filets draufsetzen
- den Bratrückstand mit Gemüsebouillon aufgießen
- über die Filets verteilen
- mit gehackter Petersilie bestreuen und mit Spargelspitzen garniert servieren

TIP

Frischen Spargel in Zitronen-Salzwasser kochen, Dosenspargel nur behutsam erwärmen.

Überbackene Schweinskoteletts, Rezept auf Seite 26

Rostbraten in Pfefferrahmsauce

4 Rostbraten (à 18 dag)
2 EL Senf
grüne Pfefferkörner
1 EL Dinkelmehl
4 dag Butterschmalz
1/16 l Weißwein
1/16 l Rindsbratensaft
1 EL grüne Pfefferkörner
1/8 l Rahm

- Rostbraten klopfen
- Rand einschneiden
- mit Senf bestreichen
- zerstoßene Pfefferkörner darüberstreuen
- mit Mehl bestäuben
- in heißem Butterschmalz beidseitig anbraten
- mit Weißwein ablöschen
- mit Rindsbratensaft aufgießen und darin dünsten
- zuletzt zerstoßene Pfefferkörner mit dem Rahm mischen
- die Sauce damit verfeinern
- das Fleisch kurz darin ziehen lassen

TIP

Den Rostbraten in Pfefferrahmsauce mit Kartoffelkroketten oder Mandelbällchen anrichten.

Rahmgulasch

70 dag Schweine-
schulter
30 dag Zwiebeln
8 dag Butterschmalz
4 dag Dinkelmehl
3 EL Paprika (edelsüß)
1 EL Essig
1/2-3/4 l Gemüse-
brühe oder weißer
Kalbsfond
Gulaschgewürze:
Kümmel, Knoblauch,
Majoran, Pfeffer,
Zitronenschale
(feingerieben)
1/16 l Süßrahm
1/8 l Sauerrahm
Salz

- Fleisch in dickere Würfel schneiden
- fein gehackte Zwiebeln in Butterschmalz goldgelb anrösten, Fleischwürfel miträsten
- Mehl dazugeben
- paprizieren
- mit Essig und der vorhandenen Flüssigkeit ablöschen
- mit vorbereitetem Gulaschgewürz würzen
- Fleisch weich dünsten
- den süßen und den sauren Rahm in die nicht mehr kochende Sauce einrühren
- zum Schluß salzen und anrichten

TIP

ahmgulasch mit
itterspätzle und
Kopfsalat
servieren.

Bauerneintopf (rustikaler Eintopf)

2 Zwiebeln
4 dag Butter
80 dag Selchkarree
3 Karotten
50 dag Kartoffeln
1/4 l Gemüsebrühe
Kräutersalz
Pfeffer
frische Kräuter: Liebstöckl, Rosmarin, Bohnenkraut, Salbei, Schnittlauch, Petersilie

- Zwiebeln fein schneiden
- in erhitzter Butter goldgelb werden lassen
- Selchfleisch würfelig schneiden
- kurz mitrösten
- in Würfel geschnittene Karotten und Kartoffeln dazugeben
- mit Gemüsesuppe aufgießen und dünsten lassen
- mit Salz und Pfeffer würzen und mit gehackten Kräutern abschmecken

Hühnerbrust in Wurzelsauce

4-6 Hühnerbrüste
Salz, Rosmarin
4 dag Butterschmalz
10 dag Karotten
10 dag Sellerie
10 dag Zwiebel
5 dag Petersilknolle
1/4 l Fleischsuppe
5 EL Rahm
Salz, Pfeffer

- Fleisch würzen
- beidseitig anbraten und ins heiße Rohr stellen
- geschnittene Karotten, Sellerie, Zwiebel und Petersilie im Bratenrückstand anrösten, aufgießen
- 20 Minuten kochen lassen
- Sauce passieren, würzen
- geschlagenen Rahm einrühren
- Fleisch in Scheiben schneiden
- mit Wurzelsauce anrichten

TIP

Kann auch mit Putenfleisch zubereitet werden.

Fischfilet mit Kräuterkruste

TIP

Auch Forellen- oder Karpfenfilets können verwendet werden.

6 Schollenfilets
Salz, Pfeffer
Knoblauch
Zitronensaft
5 dag Butterschmalz
5 dag Brösel
1 Bund Petersilie
1 Bund Schnittlauch
1 EL frischer Dill
1 TL frisches Basilikum
Butterflocken

- Filets salzen, säuern
- auf beiden Seiten anbraten
- nebeneinander auf ein Backblech legen
- gehackte Kräuter mit Bröseln vermischen
- über den Fisch streuen
- Butterflocken darauflegen
- bei 200°C 15 Minuten im Rohr überbacken

Pikanter Bauernsalat, Rezept auf Seite 18

Forelle im Wurzelbett

1 Forelle
Salz, Zitronensaft
4 dag Butter
Petersilie, Schnittlauch
15 dag Karotten
15 dag Kartoffeln
15 dag Frühlingszwiebel
Butterflocken
Kräutersalz

- Forellen waschen, salzen, säuern
- 1 Stück Kräuterbutter in die Bauchöffnung legen
- Forelle in Butterschmalz auf allen Seiten anbraten
- auf Alufolie legen
- feingeraspeltes Gemüse in Butter kurz dünsten
- rings um den Fisch verteilen, Butterflocken darauflegen
- mit Folie verschließen
- bei 200°C ca. 35 Minuten garen

Zwiebel-Speck-kuchen

Blätterteig

Belag:
20 dag Speck, geschnitten
4 große Zwiebeln
10 dag Lauch

Eierguß:
3 dag Butter
2 EL Mehl
1/4 l Milch
3 Eier
2 EL Topfen
Salz, Pfeffer
Muskat
Schnittlauch

- Blätterteig ausrollen und eine Tortenform damit auslegen
- geschnittene Zwiebeln im Speck anrösten
- geschnittenen Lauch dazugeben
- Belag auf dem Teig verteilen
- Guß zubereiten und darübergießen
- im Rohr bei 200°C 40 Minuten backen

Guß:

- aus Butter, Mehl und Milch eine Béchamel bereiten, Eier, Topfen und Gewürze dazumischen

Kartoffelgratin mit Fenchel und Lauch

60 dag Kartoffeln
1 Fenchelknolle
2 Stangen Lauch
Kräutersalz
weißer Pfeffer
10 dag Bergkäse
1/8 l Rahm

- Kartoffeln schälen, in dünne Scheiben schneiden
- in gebutterter Auflaufform eine Lage einschichten
- mit Kräutersalz und Pfeffer würzen
- Fenchel und Lauch putzen und fein schneiden
- abwechslungsweise Gemüse und Kartoffeln in die Form legen
- jeweils nur die Kartoffeln würzen und mit ihnen abschließen
- geriebenen Käse darüberstreuen, mit Rahm übergießen
- bei 175°C eine Stunde backen

Käse-Spinatknödel, Rezept auf Seite 48

Käsenocken auf Blattspinat

1/2 kg Magertopfen
6 dag Butter
15 dag geriebener Bergkäse
3 Eier
5 dag Mehl
5 dag Brösel
1 Karotte
Salz, Pfeffer
Schnittlauch
1 Pkg. tiefgekühlter Blattspinat
2 Knoblauchzehen
5 dag Butter

- Topfen, Mehl, Brösel, Eier und Gewürze vermengen
- Butter schmelzen, mit Käse und geriebener Karotte unter die Topfenmasse rühren
- 1/2 Stunde rasten lassen
- Butter erhitzen, Blattspinat darin schwenken und würzen
- Nocken in Salzwasser garen und auf Blattspinat anrichten
- mit Käse bestreuen, mit Schnittlauch servieren

Lauchtorte

Mürbteig:
25 dag Mehl (Dinkel)
15 dag Butter
1 TL Salz
1 Ei

Belag:
3 dag Butterschmalz
15 dag Hackfleisch
30 dag Lauch
4 dag Emmentaler

Guß:
3 dag Butter
1 EL Mehl
1/4 l Sauerrahm
Salz, Petersilie, Majoran

- Butter mit Mehl abbröseln, salzen
- mit dem Ei kurz kneten
- rasten lassen
- Hackfleisch in Fett anrösten
- geschnittenen Lauch und geriebenen Käse dazugeben
- 15 Minuten dünsten
- für den Guß alle Zutaten mischen
- die Tortenform mit dem Mürbteig gleichmäßig auslegen (Rand 3 cm hoch)
- Belag auf dem Teig verteilen
- Guß darübergießen
- bei 200°C 45 Minuten backen

Käsefondue

20 dag Bergkäse
20 dag Greyerzer
20 dag Emmentaler
4 TL Maizena
3 dl Weißwein (spritzig)
1 TL Zitronensaft
1 Knoblauchzehe
4 cl Kirschschnaps (Obstler)
Pfeffer
1 Sandwich

- alle Käsesorten fein reiben und mit Stärkemehl vermischen
- Weißwein, Zitronensaft gemeinsam mit dem Käse in die mit Knoblauch ausgeriebene Caquelon geben
- bei starker Hitze unter kräftigem Rühren aufkochen, mit Pfeffer und Kirschschnaps abschmecken
- nachdem der Käse mit der Flüssigkeit eine gute Verbindung geschaffen hat, noch kurz weiter kochen lassen
- anschließend servieren und während des Essens weiterköcheln lassen
- Sandwich in Scheiben schneiden und vierteln

TIP

Als Abendgericht mit frischen Blattsalaten, Kartoffeln, Sauergemüse und Früchten (Birnen, Kirschen, Ananas).

Käse-Lauch-Strudel, Rezept auf Seite 47

Kohlsprossen mit Käsehaube

60 dag Kohlsprossen
Salz
15 dag Schinkenspeck oder Geselchtes
3 dag Butter
1 Crème fraîche
1/8 l Bouillon
10 dag Rheintaler Käse
4 Eiklar
Pfeffer, Petersilie

- Kohlröschen weich dämpfen
- geschnittenen Speck in Butter anrösten
- Kohlsprossen dazugeben
- Crème fraîche und Bouillon daruntermengen und kurz dünsten
- Eiklar zu festem Schnee schlagen
- mit geriebenem Käse und Pfeffer leicht vermischen
- auf die Kohlsprossen verteilen
- 10 Minuten im Rohr überbacken

Käse-Lauch-Strudel

20 dag Bergkäse
20 dag Karreeschinken
2 Stangen Lauch
Kräutersalz
Muskat
Pfeffer, Oregano
35 dag Blätterteig
2 Becher Crème fraîche (mit Kräutern)
1 Ei

- Käse, Schinken und Lauch in feine Streifen schneiden und würzen
- Blätterteig auf einem bemehlten Tuch ausrollen, die Fülle mit Crème fraîche auf die Mitte des Teig-Rechteckes geben
- Strudel formen und mit dem verquirlten Ei bestreichen
- aus den Teigresten eine Garnitur formen und auflegen
- im vorgeheizten Backrohr bei 190°C ca. 45 Minuten goldbraun backen

TIP

Strudeldekoration mit einem Radler formen.

Käse-Spinatknödel

30 dag Knödelbrot
30 dag Blattspinat
gut 1/8 l Milch
12 dag geriebener Bergkäse
4 Knoblauchzehen
4 dag Butter
1 große Zwiebel
3 Eier
Salz, Muskat

- Brotwürfel mit Ei-Milch-Gemisch verrühren
- geröstete Zwiebel, Blattspinat, Käse und Gewürze dazugeben
- Teig rasten lassen
- Knödel formen
- mit Einsatz dämpfen
- mit wenig heißer Butter servieren

Käse-Speckknödel

40 dag gekochte Kartoffeln
12 dag geriebener Bergkäse
2 Eier
5 dag Grieß
5 dag Butter
10 dag griffiges Mehl
Salz

Fülle:
15 dag Tilsiter
15 dag Speckwürfel
Knoblauch, Petersilie
Oregano

- gekochte Kartoffeln heiß pressen
- weiche Butter und alle anderen Zutaten unter die Kartoffeln mischen
- für die Fülle alle Zutaten fein schneiden
- Teigstücke mit einem Eßlöffel Fülle belegen
- zu Knödeln formen
- im Salzwasser 15 Minuten kochen lassen

TIP

Paßt gut zu Sauerkraut oder grünem Salat.

Spinatauflauf

4 dag Butterschmalz
1 Zwiebel
25 dag Hackfleisch
3 Knoblauchzehen
Salz, Majoran
2 gekochte Eier
30 dag Blattspinat

Guß:
1/4 l Sauerrahm
1 Ei, Salz, Muskat
5 dag geriebener Käse

- Faschiertes mit Fett und Zwiebel anrösten
- würzen
- Blattspinat abwechselnd mit Faschiertem in eine Auflaufform einfüllen
- den Sauerrahm mit Ei verquirlen, würzen und über den Auflauf gießen
- mit Käse abdecken
- im Rohr bei 200°C 45 Minuten überbacken

Montafoner Käsknöpfle

1/2 kg griffiges Mehl
Salz
2-3 Eier
1/2 l Wasser
15-20 dag Montafoner „Surkäs"
6 dag Butterschmalz
2 große Zwiebeln

- aus Mehl, Salz, Eiern und Wasser einen Spätzleteig zubereiten
- in Salzwasser Spätzle kochen, abseihen
- Knöpfle abwechselnd mit geriebenem Surkäs vermischen
- mit gerösteten Zwiebeln servieren

Spinatspätzle mit Rahmsauce

Teig:
45 dag Dinkel
4 Eier
gut 1/4 l Wasser
Salz
4 EL Spinat, passiert

Sauce:
4 dag Butter
15-20 dag Preß-schinken
1 Becher Sauerrahm
3 EL Crème fraîche
Kräutersalz

- Mehl mit Eier, Spinat, Wasser und Salz kurz vermischen
- 10 Minuten rasten lassen
- in Salzwasser Spätzle kochen
- in die erhitzte Butter würfelig geschnittenen Preßschinken geben
- Sauerrahm und Crème fraîche daruntermischen
- kurz erhitzen und über Spinatspätzle gießen

Krautstrudel mit pikanter Käse-Rahm-Sauce

Teig:
15 dag Topfen
15 dag Butter
15 dag Dinkel
Salz

Fülle:
70 dag Weißkraut
3 dag Butter
1 Zwiebel
20 dag Bauchspeck
1 Ei, Salz, Kümmel
1 Becher Sauerrahm

Sauce:
1 Karotte
1 Zwiebel
1/2 Stange Lauch
1/4 Sellerieknolle
4 dag Butter
2 EL Mehl
1/4 l Rahm
10 dag Schimmelkäse
1 Bund Schnittlauch
Kräutersalz

- Butter mit Dinkel abbröseln, mit Topfen kurz zu einem festen Teig kneten, 1/2 Stunde kühl rasten lassen
- Zwiebel in Butter anschwitzen
- geschnittenen Speck dazugeben
- würfelig geschnittenes Kraut beigeben, würzen und dünsten, bis es weich ist
- Sauerrahm und Ei nach dem Erkalten untermengen
- Teig auswalken, mit Fülle belegen und zu einem Strudel einrollen
- mit flüssiger Butter bestreichen, bei 175°C ca. 45 Minuten backen
- für die Sauce grob geschnittenes Gemüse 45 Minuten kochen
- aus Butter und Mehl eine Einmach zubereiten, mit Gemüsesud aufgießen
- Rahm und Käse dazugeben, abschmekken

Vorarlberger Kässpätzle

45 dag Mehl
3-4 Eier
Salz
ca. 1/4 l Milch
20-25 dag Bergkäse
7 dag Butterschmalz
2 große Zwiebeln
Pfeffer

- aus Mehl, Eiern, Salz und Milch einen festen Spätzleteig rühren
- den Teig durch ein Spätzlesieb in kochendes Salzwasser drücken, kurz ziehen lassen
- abseihen
- abwechselnd mit dem geriebenen Käse in einem Holzgeschirr anrichten
- zuletzt mit gerösteten braunen Zwiebeln servieren

TIP

Kässpätzle können auch gut mit Vollkornmehl zubereitet werden.

Kohlsprossen mit Käsehaube, Rezept auf Seite 46

Grünkernlaibchen

1 Tasse Grünkern, geschrotet
2 Tassen Gemüsesuppe
5 dag Butter
1 große Zwiebel, gehackt
10 dag Schinken
1 geriebene Karotte
3 Knoblauchzehen
2 EL Vollmehl
1-2 Eier
Sesam zum Wälzen
Fett zum Backen

- Grünkern in der Gemüsesuppe weichkochen
- geröstete Zwiebel dazugeben
- geschnittenen Schinken, Eier, Knoblauch, Karotten und Mehl daruntermischen
- würzen
- Laibchen formen
- in Sesam wälzen und in Fett auf beiden Seiten anbraten

Dinkel-Käse-omeletten

14 dag Dinkelvollmehl
14 dag Weizenvollmehl
14 dag geriebener Bergkäse
2 Eier
1/4 l Wasser (Milch)
Salz, Muskat, Petersilie
Butterschmalz

- Mehl mit Flüssigkeit glattrühren
- geriebenen Käse, Eier und Gewürze daruntermischen
- Butterschmalz erhitzen
- Omeletten herausbacken

TIP

Dazu passen Salate je nach Saison.

Topfen-Reisauflauf mit Kirschen

5/8 l Milch
1 TL Salz
1/8 l Reis
6 dag Butter
6 dag Zucker
1 Zitrone (Schale fein gerieben)
4 Eier
3 Tropfen Bittermandelöl
25 dag Speisetopfen
20 dag Kirschen

- Milch und Salz zum Kochen bringen, den gewaschenen Reis einstreuen und bei geringer Hitze ausquellen lassen (darauf achten, daß der Reis nicht zu weich wird)
- Butter, Zucker, Zitronenschale und Eidotter schaumig rühren, Bittermandelöl und Topfen kurz mitrühren
- unter diese Masse den überkühlten Reis mischen
- Eiklar zu steifem Schnee schlagen und unterheben
- eine Auflaufform mit Butter ausstreichen und mit der Topfenmasse füllen
- mit den entstielten und entkernten Kirschen belegen
- bei 180°C etwa 40 Minuten goldgelb backen

TIP

Topfen-Reisauflauf mit Kompottfrüchten oder mit frisch gepreßtem Fruchtsaft servieren.

Marillenknödel, Vollwert

7 dag Butter
1/2 TL Salz
1 Ei
7 dag Dinkelgrieß
25 dag Topfen
7 dag Dinkel, fein gemahlen
12-15 Marillen

Zum Bestreuen:
3 EL Zucker
1 TL Zimt
10 dag Butter
12 dag Zwiebackbrösel
4 EL Haselnüsse (gerieben, geröstet)
2 EL Haselnußkrokant

- Butter und Salz schaumig rühren
- Ei, Dinkelgrieß und Topfen einrühren
- Dinkelmehl einarbeiten
- Teig am Brett glattkneten
- 1 Stunde ruhen lassen
- Marillen mit Topfenteig umhüllen
- in reichlich gesalzenem Wasser ca. 10-15 Minuten mehr ziehen als kochen lassen
- abgetropft mit Zucker und Zimt bestreuen
- in heißen Butterbröseln, die mit den Haselnüssen und dem Haselnußkrokant ergänzt werden, wälzen und anrichten

TIP

Man kann auch Zwetschken oder Erdbeeren verwenden.

Marillenknödel

Topfenknödel mit Zwetschken-Brombeer-Röster

15 dag Butter
3 Eier
75 dag Topfen
4 EL Mehl
4 EL Weizengrieß
1 Prise Salz
1 Pkg. Vanillezucker
20 dag Butter
20 dag Zwiebackbrösel
Staubzucker
Zimt

Röster:
1 kg Zwetschken
1/8 l Rotwein
Zucker
1/4 kg Brombeeren

- einen Abtrieb aus Butter, Vanillezucker und Eiern zubereiten
- Salz und Topfen mitrühren, Mehl und Grieß unterheben
- Teig 30 Minuten rasten lassen
- kleine Knödel formen
- in leicht gesalzenes, kochendes Wasser einlegen und vorsichtig ca. 10 Minuten pochieren
- Zwiebackbrösel in Brösel goldbraun rösten
- Knödel darin wälzen
- mit Staubzucker und Zimt bestreuen
- für den Röster Zwetschken halbieren, 1/3 der Zwetschken mit Rotwein und Zucker nach Geschmack weichkochen und durch ein Sieb passieren
- mit den restlichen 2/3 der Zwetschken nochmals kurz aufkochen lassen
- vor dem Kaltstellen Brombeeren unterheben

Montafoner Kriasibrösel

1 l Milch
1 TL Salz
1/2 kg Grieß
20 dag Butter
1 kg Kirschen

- Milch und Salz zum Kochen bringen
- Grieß einstreuen und quellen lassen
- Butter in der Pfanne erhitzen und die Grießmasse unter ständigem Auflockern fein anbraten
- die frischen Kirschen dazugeben und noch einige Minuten mitbraten
- nach Wunsch mit Zucker bestreuen

Stopfer (Riebl)

TIP

Stopfer, auch Riebl genannt, ist eines der Vorarlberger Nationalgerichte. In früherer Zeit kam er fast täglich auf den Tisch, vor allem morgens zum Kaffee.

1 l Milch
2 TL Salz
3 EL Rahm
30 dag Weizengrieß (oder Dinkelgrieß)
2 EL Maisgrieß
ev. 2 EL Buchweizenschrot
12 dag Butter

- Milch, Salz, Rahm und die Hälfte der Butter aufkochen
- Grieß einrühren
- zugedeckt ca. 2 Stunden quellen lassen
- die Masse zerstoßen und unter ständigem Auflockern langsam in Butter braten
- mit Kaffee oder Kompott bzw. Heidelbeermus servieren

Zwetschkenknödel

Kartoffelteig:
40 dag Kartoffeln, mehlig
10 dag Mehl, glatt
1 EL Grieß
1 Prise Salz
3 dag flüssige Butter
1 Eigelb
12-14 Zwetschken, entkernt

Zwetschkensauce:
40 dag Zwetschken
9 dag Zucker
1 Zimtstange
2 EL Zitronensaft
2 EL Zwetschkenbrand

- Kartoffeln waschen, kochen, schälen, etwas ausdünsten lassen und durch die Kartoffelpresse drücken
- die warme Masse mit allen anderen Zutaten verkneten
- den Teig ca. 1/2 cm dick ausrollen
- Scheiben ausstechen (8 cm Durchmesser)
- jeweils 1 Zwetschke auf eine Teigscheibe setzen
- Knödel formen
- die Knödel in reichlich kochendes Salzwasser einlegen, ca. 10-12 Minuten ziehen lassen
- für die Sauce Zwetschken waschen, entkernen, vierteln und in kleine Stücke schneiden
- mit Zucker, Zimtstange, Zitronensaft und Zwetschkenbrand sowie etwas Wasser aufkochen
- zu einem Mus kochen, Zimtstange entfernen, im Mixer pürieren und kaltstellen

Zwetschkenstrudel, Rezept auf Seite 78

Kartoffelnudeln

50 dag mehlige Kartoffeln
5 dag Butter
20 dag Mehl
5 dag Weizengrieß
2 Eigelb
Salz
15 dag Butter
10 dag Nüsse oder Mohn (fein gemahlen)
Staubzucker nach Belieben

- Kartoffeln waschen, kochen, schälen und passieren
- noch warm mit allen anderen Zutaten zu einem Teig verarbeiten
- rasten lassen
- Nudeln formen
- in Salzwasser ca. 12-15 Minuten ziehen lassen
- Nüsse oder Mohn in flüssige Butter einmischen und die Nudeln darin drehen
- mit Zucker bestreuen und mit Kompott servieren

Grießauflauf mit Kirschensauce

1/2 l Milch
10 dag Weizengrieß
10 dag Zucker
5/8 l Kompottkirschen
4 Eier
1/8 l Rahm
1 Prise Salz

Kirschensauce:
2 Scheiben unbehandelter Zitrone
1 Zimtstange
3 Nelken
1 EL Speisestärke
8 cl Kirsch-Rum

- Milch aufkochen, Grieß und die Hälfte des Zuckers einrühren
- 5 Minuten zugedeckt ausquellen lassen
- Kirschen abgießen, dabei den Saft zurückbehalten
- Eier trennen
- Rahm mit dem Eigelb verquirlen
- Salz beimengen und unter die Grießmasse rühren
- Eiweiß zu steifem Schnee schlagen und den restlichen Zucker unterrühren
- gemeinsam mit den Kirschen locker unterheben
- in einer gebutterten Auflaufform bei 180°C ca. 40 Minuten knusprig backen
- für die Sauce Kirschsaft mit Zitronenscheiben und den Gewürzen ca. 1 Minute köcheln lassen
- Speisestärke mit Rum verquirlen
- unter Rühren zum Kirschfond gießen
- 1 Minute durchkochen lassen
- die heiße Kirschensauce zum portionierten Grießauflauf anrichten

Polsterzipfel „Bregenzerwälder Art“

1/2 kg Mehl
1 Ei
1 Prise Salz
8 dag Butter
Milch oder Rahm
Fett zum Backen

- Mehl, Salz, Ei, weiche Butter und lauwarme Milch oder Rahm (nach Bedarf) zu einem geschmeidigen Teig arbeiten
- Teig unter einer angewärmten Schüssel 1/2 Stunde rasten lassen
- ausrollen und in kleine Rechtecke radeln, schwimmend im Fett, unter ständigem Rütteln goldgelb backen
- Polsterzipfel auf einer Platte anrichten und nach Belieben überzuckern

TIP

Die warmen Polsterzipfel mit Weinsauce, Apfelmus oder mit Glühwein servieren.

Apfel-Soufflé

3/4 kg Äpfel
3 EL Zucker
3 dag Mandeln
1 Prise Zimt
1-3 EL Rahm
6 dag Butter
3 Eier
7 dag Zucker
1 Zitrone
10 dag Mehl, doppelgriffig
1 Tasse Milch

- Äpfel schälen, in dünne Scheiben schneiden
- in gebutterte Auflaufform geben
- mit Zucker, geriebenen Mandeln und Zimt bestreuen
- mit Rahm übergießen
- Butter schaumig rühren
- mit Eigelb, Zucker und feingeriebener Zitronenschale weiterrühren
- Mehl und Milch beifügen und die Masse glattrühren
- zum Schluß steifen Eischnee vorsichtig unterheben
- diese Masse auf die Äpfel geben
- im vorgeheizten Backrohr, zuerst bei schwacher Hitze (150°C), dann bei 190°C etwa 45-60 Minuten insgesamt backen

TIP

Äpfel können auch durch Kirschen ersetzt werden.

Apfel-Küchle

Gebackene Apfelspalten)

Weinteig:
36 dag Mehl
3/8 l Weißwein
5 dag Öl
3 Eier
1 Prise Salz
5 dag Zucker

1 kg Äpfel
2 Zitronen
2 EL Rum
10 dag Staubzucker
50 dag Fett
Vanillezucker

- Mehl, Wein, Öl, Eigelb und Salz rasch zu einem glatten Teig rühren
- unmittelbar vor Verwendung des Teiges Eiklar mit Zucker gut ausschlagen und vorsichtig unter den Teig ziehen
- Äpfel schälen, in 1 cm dicke Scheiben (ohne Kerngehäuse) schneiden
- mit Zitronensaft und Rum beträufeln und mit Zucker bestreuen
- in Weinteig tauchen und in heißem Fett schwimmend rasch goldbraun backen (180°C)
- abgetropft und mit Vanillezucker bestreut servieren

TIP

Mit frischer Himbeer- oder Erdbeesauce servieren oder im Winter mit Glühwein.

Topfenschmarrn

5 Eier
2 EL Kristallzucker
50 dag Topfen
25 dag Sauerrahm
5 EL Staubzucker
3 EL Grieß
1 EL Stärkemehl
1 Pkg. Vanillezucker
1 TL Salz
2 EL Zitronenschale (fein gerieben)

- Eier teilen
- Eiweiß zu Schnee schlagen, mit Kristallzucker gut ausschlagen
- Dotter mit allen anderen Zutaten glattrühren
- Schnee unterheben
- in eine gebutterte Auflaufform gießen
- bei 200°C etwa 20 Minuten backen

Topfennockerl

50 dag Topfen
2 EL Butter
4 EL Mehl, doppelgriffig
4 Dotter
Salz
10 dag Rosinen
20 dag Butter
20 dag Zwiebackbrösel

- Topfen und Butter mit dem Handmixer verrühren und Dotter, Mehl und Salz vorsichtig unterheben
- Rosinen zugeben
- 1/2 Stunde im Kühlschrank ruhen lassen
- Nockerln formen
- 15 Minuten im Salzwasser ziehen lassen
- Butter erhitzen und darin die Brösel goldbraun rösten
- über die abgetropften Nockerln geben und mit Zucker und Zimt bestreuen

TIP

Mit frischem Erdbeermus oder Zwetschkenröster anrichten.

Topfentorte mit Mandeln und Marillen

Mürbteig:
25 dag Mehl
1 EL Backpulver
1 Prise Salz
12,5 dag Butter
12,5 dag Staubzucker
1 EL Zitronenschale (fein gerieben)

Füllung:
3 Eier
18 dag Zucker
1 Zitrone
1 Pkg. Vanillezucker
30 dag Topfen
10 dag Mandeln
1 EL Stärkemehl
30 dag Marillen

- aus allen Teigzutaten einen Mürbteig zubereiten
- 1/2 Stunde kühl rasten lassen
- eine Tortenform mit dem vorbereiteten Teig auskleiden
- Eigelb, Zucker, fein geriebene Zitronenschale und Vanillezucker schaumig rühren
- Topfen mitrühren
- Mandeln (fein gerieben), Stärkemehl und das geschlagene Eiklar vorsichtig unterheben
- Füllung auf den Tortenboden geben
- Marillenspalten darauf verteilen
- bei 200°C etwa 1 Stunde backen
- nach 20 Minuten das Backrohr auf 175°C zurückschalten

Johannisbeer-Topfen-Torte, Rezept auf Seite 76

Apfelkuchen mit Guß

25 dag Mehl
2 TL Backpulver
15 dag Butter
4 EL Staubzucker
1 Prise Salz
4 EL Rahm
30 dag Äpfel (säuerlich)

Guß:
1/8 l Sauerrahm
2 Eier
2 EL Zucker
1 TL Zitronenschale (fein gerieben)

- Mehl mit Backpulver versieben
- Butter mit Hilfe des Handmixers abbröseln
- Staubzucker und eine Prise Salz beifügen
- zuletzt mit dem Rahm zu einem glatten Teig verkneten (kein Ei!)
- 1/2 Stunde kühl rasten lassen
- Teig auswalken und eine Tortenform damit auslegen
- aus Teig einen fingerhohen Rand formen
- mit dicken Apfelspalten eng im Kranz belegen
- für den Guß Rahm mit den Eiern verrühren
- Zucker und Zitronenschale beifügen
- die Apfelschnitten damit übergießen
- bei 190°C etwa 50 Minuten backen
- warm servieren

Marillenkuchen mit Streusel

Mürbteig:
25 dag Weizenmehl
12,5 dag Butter
4 EL Honig
2-3 EL Rahm
1 Ei

Topfenfüllung:
5 dag Butter
12 dag Staubzucker
2 Eier
1 Prise Salz
30 dag Topfen
1 Becher Crème fraîche
1 Pkg. Vanillezucker
5 dag Mehl
30 dag Marillen

Streusel:
15 dag Mehl
10 dag Kristallzucker
12 dag Butter
15 dag Mandeln (geschält und fein gerieben)
1 Prise Salz
1 Prise Zimt

- Mürbteig zubereiten
- 1/2 Stunde kühl ruhen lassen
- eine Tortenform mit dem Teig dünn belegen und vorbacken
- Butter, Zucker, Salz und Eigelb schaumig rühren
- Topfen kurz mitrühren
- Crème fraîche unterziehen
- Eiklar zu Schnee schlagen, mit Vanillezucker gut ausschlagen
- gemeinsam mit dem Mehl unterheben
- Marillen entsteinen und in Spalten schneiden
- alle Zutaten für die Streusel mit Hilfe des Handmixers krümelig verreiben
- die Topfenmasse einfüllen, Marillenspalten daraufschlichten und die Streusel darauf verteilen
- zuvor den Rand mit dem restlichen Mürbteig auskleiden
- bei 180°C etwa 50-60 Minuten backen (Nadelprobe)

Rhabarberkuchen, Vollwert

25 dag Dinkel
12,5 dag Butter
7 dag Honig
1 Prise Salz
1 Ei
1 Pkg. Vanillezucker
Schale einer halben Zitrone

Fülle:
50 dag Rhabarber
18 dag Butter
3 Eier
6 EL Honig
1 Pkg. Vanillezucker
1 EL Rum
10 dag Dinkelmehl (frisch gemahlen)
3 EL Johannisbeermarmelade
8 dag Mandeln (feingerieben)

- Dinkel frisch mahlen
- Mehl und Butter möglichst kühl verarbeiten
- Honig, Salz, Ei, Vanillezucker und feingeriebene Zitronenschale hineingeben und zügig zu einem festen Teig verkneten
- zugedeckt etwa 30 Minuten an einem kühlen Ort ruhen lassen
- den Tortenboden mit Mürbteig auslegen
- bei 175°C etwa 10-15 Minuten vorbacken
- für die Fülle Butter, Dotter, Honig, Vanillezucker und Rum schaumig rühren
- Mehl, Mandeln, den geschälten, in 1 cm dicke Scheiben geschnittenen Rhabarber und den steifgeschlagenen Eischnee unterziehen
- die Masse auf den mit säuerlicher Marmelade bestrichenen Mürbteigboden (Rand zuvor einkleiden) geben
- bei 190°C etwa 30-40 Minuten backen

Erdbeerroulade, Rezept auf Seite 74

Erdbeerroulade, Vollwert

6 Eigelb
15 dag Honig
6 EL Wasser
6 Eiweiß
1 Pkg. Vanillezucker
8 dag Dinkelmehl
8 dag Haselnüsse

Fülle:
3/8 l Rahm
20 dag Erdbeeren

- Dotter, Honig und heißes Wasser sehr schaumig rühren
- Eiweiß zu steifem Schnee schlagen und mit Vanillezucker gut ausschlagen
- Dinkel frisch mahlen
- Haselnüsse fein reiben und gemeinsam mit dem Eischnee unter die Dottermasse heben
- die Masse auf ein mit Backpapier ausgelegtes Backblech auftragen
- bei 175°C etwa 20 Minuten backen
- noch heiß zu einer Roulade formen
- Rahm steif schlagen
- in 2/3 des Rahms die Erdbeeren unterziehen
- in die ausgekühlte Biskuitroulade einstreichen
- den restlichen Rahm zum Garnieren verwenden
- mit Beerenstückchen und Blättchen garnieren

Nußtorte mit Preiselbeerrahm

6 Eier
6 EL Wasser
2 EL Rum
18 dag Zucker
10 dag Nüsse
20 dag Mehl
1 Prise Zimt
1 Prise Nelken

Preiselbeerrahm:
15 dag Preiselbeerkompott
1/2 l Schlagrahm

- Dotter, Wasser, Rum und 2/3 der Zuckermenge schaumig rühren
- 1/3 des Zuckers im festgeschlagenen Schnee gut ausschlagen
- Mehl, Nüsse und Gewürze gemeinsam mit dem Eischnee vorsichtig in die Dottermasse unterheben
- bei 180°C etwa 45 Minuten backen, auskühlen lassen
- Torte zweimal durchschneiden
- Preiselbeerkompott abseihen und in die Hälfte des geschlagenen Rahms unterziehen, eventuell etwas süßen
- die Tortenblätter mit Preiselbeerrahm füllen und aufeinander legen
- Tortenrand und Oberfläche mit dem zweiten Teil des Schlagrahms bestreichen und mit Hilfe des Spritzsacks kleine Rosetten aufdressieren
- mit einzelnen Beeren verzieren

Johannisbeer-Topfenschnitten

Mürbteig:
30 dag Mehl
20 dag Butter
10 dag Zucker
1 Pkg. Vanillezucker
1 Ei
Schale einer halben Zitrone

Topfenfülle:
8 dag Butter
12 dag Staubzucker
4 Eier
1 Pkg. Vanillezucker
1 Prise Salz
1 Zitrone (Saft und Schale)
50 dag Topfen
5 dag Mehl
15 dag Johannisbeeren
1 Becher Crème fraîche

Biskuitmasse:
4 Eier
10 dag Zucker
1 Pkg. Vanillezucker
10 dag Mehl

- einen Mürbteig herstellen und 1/2 Stunde kühl stellen
- Mürbteig zu einem Rechteck ausrollen und vorbacken
- Butter schaumig rühren
- die Hälfte des Zuckers, Eidotter und die Geschmackszutaten einrühren, zuletzt den Topfen noch kurz mitrühren
- Eiweiß zu Schnee schlagen, Restzucker mitschlagen
- beide Massen mischen
- Mehl und Beeren unterheben, ebenso Crème fraîche
- für den Biskuit Eiweiß zu Schnee schlagen mit Zucker und Vanille ausschlagen
- Dotter unterziehen
- Mehl einmelieren
- die Topfenfülle auf den vorgebackenen Mürbteig geben
- aus der Biskuitmasse ein Gitter aufdressieren
- bei 175°C ca. 1 Stunde backen (Nadelprobe)

Heidelbeer-Shake und Himbeer-Mix, Rezepte auf Seite 83

Zwetschkenstrudel

30 dag Mehl
1 Prise Salz
1/2 TL Weinsteinbackpulver
30 dag Butter
30 dag Topfen
1 Ei zum Bestreichen
40 dag Zwetschken
Butter, Brösel
Zimt, Zucker

- Mehl, Salz und Backpulver möglichst rasch mit der kleingeschnittenen Butter und dem Topfen zu einem glatten Teig verarbeiten
- den Teig einige Male auswalken und zusammenschlagen
- 2-3 Stunden kalt ruhen lassen
- zwischendurch den Vorgang des Auswalkens mehrmals wiederholen
- Zwetschken entsteinen und vierteln
- Brösel in Butter anrösten, mit Zwetschken, Zucker und Zimt vermischen
- Topfenblätterteig auswalken, füllen und einschlagen, eventuell mit Teigresten verzieren
- mit Ei bestreichen und bei ca. 180°C ca. 50 Minuten backen

TIP

Dieser Teig kann für süße Gebäcke (wie Apfel-, Marillen- oder Zwetschkenstrudel, Topfentascherl usw.) genauso wie für pikante Kleingebäcke verwendet werden.

Nußecken

Mürbteig:
20 dag Mehl
1 TL Backpulver
10 dag Butter
10 dag Zucker
1 Pkg. Vanillezucker
1 Ei
1 Eigelb
5 EL Marillenmarmelade

Nußbelag:
15 dag Butter
12 dag Zucker
1 Pkg. Vanillezucker
3 EL Wasser
2 EL Rum
30 dag Nüsse (Hasel- und Walnüsse)
1 Prise Zimt

- Mürbteig zubereiten
- 1/2 Stunde rasten lassen
- auf ein Blech ausrollen
- bei 180°C etwa 15 Minuten vorbacken
- noch heiß mit Marillenmarmelade bestreichen
- Butter, Zucker, Vanillezucker in Wasser und Rum aufkochen
- Nüsse und Zimt einrühren
- kaltstellen
- anschließend diese Masse auf dem Mürbteig verteilen
- bei 150°C etwa 20-25 Minuten backen
- noch warm in Ecken schneiden (Dreiecke)
- die Spitzen in Schokoladeglasur tauchen

Faschingskrapfen

1 kg Mehl
8 dag Hefe
8 dag Butter
10 dag Staubzucker
4 Eigelb
1 1/2 TL Salz
1 Pkg. Vanillezucker
1 Zitrone
1 Orange
Milch und Wasser nach Bedarf
75 dag Fett
25 dag Marillenmarmelade
5 EL Orangensaft
Staubzucker

- Hefedampferl im Mehlgrübchen machen
- kurz reifen lassen
- Butter, Dotter, Salz, Vanillezucker, feingeriebene Zitronen- und Orangenschalen hinzufügen
- mit lauwarmem Wasser und etwas Milch einen geschmeidigen Teig kneten
- Teig rasten lassen (warm), bis er sein Volumen verdoppelt hat
- Teig kurz durchkneten und wieder gehen lassen
- Vorgang wiederholen
- Teig zusammenstoßen und in 4 dag schwere Stücke teilen
- diese Kugeln schleifen (mit der Handinnenfläche auf bemehlter Tischplatte rollen)
- auf ein Brett, das mit einem Tuch belegt und mit Mehl bestäubt wurde, in Abständen auflegen
- die Krapfen mit einem Tuch bedecken und aufgehen lassen
- in heißes Fett (Wasserprobe) einlegen
- zugedeckt goldbraun backen
- wenden
- abgedeckt fertigbacken
- noch heiß mit Marmelade (Marmelade mit Orangensaft glattrühren) füllen
- anzuckern

Gefüllte Bratäpfel

4 Äpfel
2 EL Zitronensaft
10 dag Walnüsse
2 dag Butter
2 EL Honig
1 Pkg. Vanilleeis
2 EL Zimt
1/4 l Rahm
2 EL Staubzucker

- Äpfel waschen und trocken reiben
- mit einem Parisienne-Ausstecher das Kerngehäuse der halbierten Äpfel entfernen
- mit Zitronensaft beträufeln
- Walnüsse vierteln
- mit Butter und Honig in einer Pfanne karamelisieren
- die vorbereiteten Apfelhälften auf ein Blech setzen
- im vorgeheizten Backrohr bei 200°C etwa 10-15 Minuten braten
- Rahm schlagen
- Vanilleeis mit gemahlenem Zimt cremig rühren
- Bratäpfel aus dem Backrohr nehmen
- in die Vertiefung Zimteis portionieren
- heiße Nüsse darüberstreuen
- mit Rahm dekorieren
- den angerichteten Dessertteller mit etwas Staubzucker bestreuen

Frühlingstraum

50 dag Erdbeeren
2 Pkg. Vanillezucker
10 dag Honig
3 EL Amaretto
3/4 l Sauermilch
1/8 l Rahm
4 Kugeln Vanilleeis

- Erdbeeren (einige zum Verzieren zurückhalten), Vanillezucker, Honig und Amaretto mit dem Mixstab pürieren
- Sauermilch und die Hälfte des geschlagenen Rahms unter das Fruchtpüree heben
- in Sektkelche verteilen, jeweils eine Eiskugel dazugeben
- mit Schlagrahm, Erdbeerspalten und Erdbeerblättchen garnieren
- gekühlt servieren

Marillendessert

50 dag Marillen
25 dag Magertopfen
5 EL Honig
1 Pkg. Vanillezucker
2 EL Grand Marnier
25 dag Naturjoghurt
1/4 l Rahm
1 Pkg. Vanilleeis

- Marillen entsteinen und im Dampfeinsatz kurz weich dünsten
- Topfen, Honig, Vanille und Joghurt vermengen
- Likör über die ausgekühlten Früchte gießen
- Rahm schlagen und 2/3 davon gemeinsam mit den Marillen unter die Topfencreme ziehen
- in Sektschalen verteilen, jeweils 2 Kugeln Vanilleeis dazugeben
- den restlichen Schlagrahm aufdressieren
- mit Marillenspalten garnieren

Himbeer-Mix

30 dag Himbeeren (frisch oder tiefgekühlt)
1/4 l Milch (Buttermilch oder Naturjoghurt)
1 Pkg. Vanillezucker
1/2 Pkg. Himbeer-Vanilleeis (Familienpackung)
1 kleine Flasche Bitter Lemon

- Himbeeren mit etwas Milch im Mixer pürieren
- restliche Milch einrühren
- Vanillezucker dazugeben
- kleine Bällchen mit dem Kartoffelausstecher aus dem Eis formen
- in Longdrinkgläser verteilen
- mit Fruchtmischung übergießen
- kurz vor dem Servieren jeweils mit einem Schuß Bitter Lemon auffüllen

Heidelbeer-Shake

25 dag Heidelbeeren
1 Banane
5 EL Honig
1 Pkg. Vanillezucker
2 EL Grand Marnier
1/2 l Joghurt
4 EL Sauerrahm
2 EL Mandelstiftchen

- Heidelbeeren, Bananen, Honig, Vanillezucker und Likör im Mixglas verrühren
- Joghurt unter die Fruchtmasse ziehen
- Sauerrahm und geröstete Mandelstiftchen zum Garnieren verwenden

Kalte Pflaumenspeise

50 dag Pflaumen oder Zwetschken
1/4 l Milch
1 Pkg. Vanillepuddingpulver
25 dag Magertopfen
10 dag Honig
1 Pkg. Vanillezucker
20 dag Zwiebackbrösel
3 EL Kirsch-Rum
1/8 l Rahm

- Pflaumen entsteinen
- in wenig Wasser weichdünsten
- Vanillepudding zubereiten
- Topfen, Honig und Vanillezucker in den erkalteten Vanillepudding mixen
- Zwiebackbrösel mit Rum befeuchten
- Rahm schlagen
- 2/3 Rahm in die Topfen-Pudding-Creme geben
- Zwiebackbrösel, Pflaumen (eventuell etwas süßen) und die fertige Creme abwechslungsweise in Dessertschalen aufteilen
- mit Schlagrahm dekorieren

TIP

Diese herbstliche Creme kann auch mit etwas Zimt und Walnußeis verfeinert werden.

Rhabarber-Birnen-dessert

35 dag Rhabarber
1/4 l Milch
1/2 Pkg. Vanille-puddingpulver
25 dag Magertopfen
1 Prise Salz
3 EL Sanddornmus (honigsüß)
3 EL Honig
1 Pkg. Vanillezucker
2 Birnen
2 EL Zitronensaft
1/4 l Rahm

- Rhabarber in ganz wenig Wasser kurz dünsten (oder im Dampfeinsatz)
- Vanillepudding zubereiten
- Topfen in den überkühlten Pudding mixen
- mit Honig und Sanddornmus süßen
- Salz und Vanillezucker hinzufügen
- ausgekühlten Rhabarber dazugeben
- nach Geschmack eventuell etwas gemahlenen Zimt einrühren
- Birnen hineinraspeln
- mit Zitronensaft abschmecken
- Rahm schlagen (einen kleinen Teil zum Garnieren zurückhalten)
- den größeren Anteil unter die kalte Creme ziehen
- in Dessertschalen verteilen
- mit Schlagrahm garnieren
- mit Nußbiskotten servieren

Topfenterrine

3 Eigelb
11 dag Staubzucker
17 dag Topfen
50 dag Joghurt
6 Blatt Gelatine
2 EL Zitronensaft
4 EL Orangensaft
1/4 l Rahm

- Eigelb, Zucker schaumig rühren
- Topfen und Joghurt kurz einrühren
- Gelatine in heißem Zitronen- und Orangensaft auflösen und in die Topfenmasse geben
- Rahm schlagen, ebenfalls unterheben
- die Topfen-Joghurt-Creme in eine mit kaltem Wasser ausgespülte Form (z.B. Glas oder Porzellan) gießen
- nach dem Absteifen im Kühlschrank stürzen, portionieren
- mit frischem Fruchtmark servieren

Erdbeer-Topfen-Creme

1/2 kg Erdbeeren
15 dag Honig
4 Blatt Gelatine
2 EL Zitronensaft
25 dag Topfen
1/8 l Rahm
2 EL Orangenlikör (Cointreau)

- Erdbeeren mit dem Honig pürieren
- Gelatine in kaltem Wasser einweichen und in erwärmtem Zitronensaft auflösen
- Topfen mit der Hälfte des Erdbeerpürees verrühren
- die aufgelöste Gelatine in die Topfenmasse rasch einrühren
- Rahm schlagen und vor dem Absteifen unterziehen
- die Creme in mit kaltem Wasser ausgespülte Portionsförmchen füllen
- im Kühlschrank fest werden lassen und auf flache Teller stürzen
- mit dem restlichen Erdbeerpüree und etwas Orangenlikör anrichten

Kalte Rahmnockerl auf Heidelbeersauce

30 dag Topfen
8 dag Zucker
2 Dotter
6 Blatt Gelatine
2 EL Zitronensaft
1/4 l Rahm

Heidelbeersauce:
20 dag Heidelbeeren
5 dag Zucker
2 EL Rum

- Topfen, Zucker und Dotter schaumig rühren
- Gelatine einweichen und in erwärmtem Zitronensaft auflösen
- Rahm schlagen und mit der Gelatine unter die Masse heben
- die Creme im Kühlfach 2 Stunden kühlen
- Heidelbeeren, Zucker und Rum mixen
- Nockerln formen und auf Heidelbeersauce, garniert mit einigen frischen Beeren und Blättchen, servieren